DECLARAÇÃO UNIVERSAL DOS DIREITOS HUMANOS

ADAPTAÇÃO DE
RUTH ROCHA
ILUSTRAÇÕES DE OTAVIO ROTH

SALAMANDRA

8ª impressão

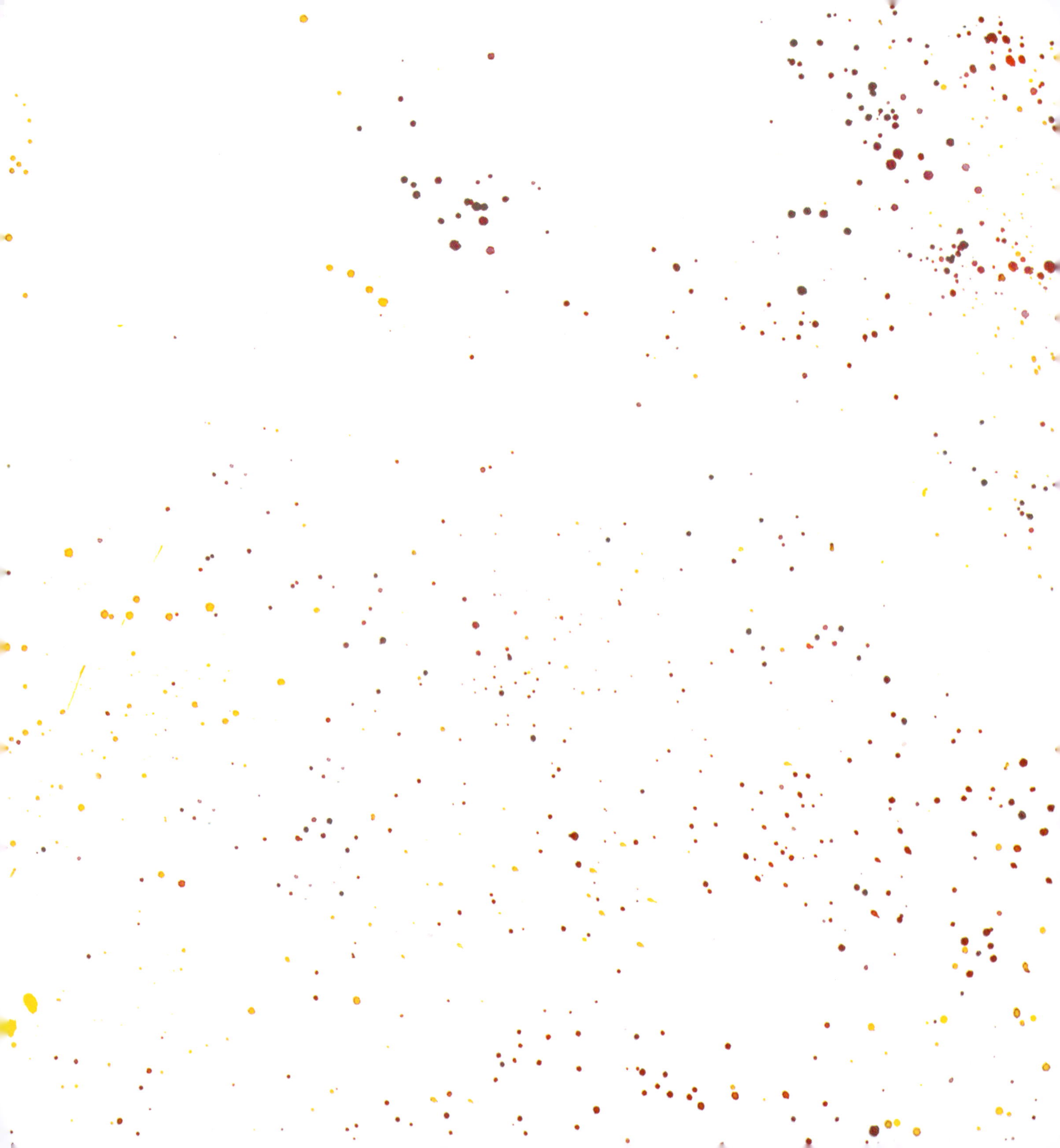

Octavio Paz assegura — não sem razão — que toda civilização repousa num grande livro inicial. Este livro encerra a soma dos valores cuja prática, ao longo do tempo, vai lentamente esboçando o perfil da convivência, das leis, dos costumes, das artes, dos amores e ódios que são, afinal, a paz e a guerra.

Para os gregos tudo estava na *Ilíada*, assim como outros povos viram seus caminhos postulados na *Bagavaghita*, nas lições do Buda e de Confúcio.

O ocidente judaico-cristão foi esboçado pela *Bíblia* e as imposições dos Dez Mandamentos. Hoje chegamos à **Declaração Universal dos Direitos Humanos**. É, para mim, a forma laica das tábuas de Moisés. Foi uma longa e paciente caminhada — porque a História e a condição humanas são quase que secretas, lentas, e os homens concordam, discordam, tentam, desistem, perseveram, acertam e erram, cada qual com sua porção de luz e sua porção de trevas.

Há muitas versões da Declaração Universal dos Direitos Humanos, mas esta é certamente a mais justa e a mais correta: destina-se aos jovens, àqueles que conservam a pureza antiga e sagrada do assombro e da indignação.
São, portanto, os que formarão o grande concerto da solidariedade contra as injustiças e a balbúrdia humana. Desejo apenas que este concerto alcance o aplauso de todos os povos, pois ele é necessário como o ar que se respira, a água na garganta, o objeto amado — e possa iniciar neste planeta já exausto um novo tempo, mais ameno e mais justo, mais divino e, portanto, mais humano.

Javier Pérez de Cuéllar

Secretário-geral da Organização das Nações Unidas de 1982 a 1991

UM DIA,
UMA PORÇÃO DE PESSOAS
SE REUNIU.

ELAS VINHAM DE LUGARES DIFERENTES
E ERAM, ELAS MESMAS,
DIFERENTES ENTRE SI.

HAVIA HOMENS E MULHERES;
SUAS PELES, SEUS CABELOS E SEUS OLHOS
TINHAM CORES DIFERENTES,
ASSIM COMO DIFERENTES ERAM
O FORMATO DE SEUS CORPOS
E DE SEUS ROSTOS.

VINHAM DE PAÍSES RICOS E POBRES,
DE LUGARES QUENTES OU FRIOS.
VINHAM DE REINADOS E DE REPÚBLICAS.

FALAVAM MUITAS LÍNGUAS.
ACREDITAVAM EM DIFERENTES DEUSES.

ALGUNS DOS PAÍSES QUE ELAS REPRESENTAVAM
TINHAM ACABADO DE SAIR DE UMA GUERRA TERRÍVEL,
QUE TINHA DEIXADO MUITAS CIDADES DESTRUÍDAS,
UM NÚMERO ENORME DE MORTOS,
MUITA GENTE
SEM LAR
E SEM FAMÍLIA.

MUITAS PESSOAS TINHAM SIDO MALTRATADAS
E MORTAS
POR CAUSA DE SUA RELIGIÃO, DE SUA RAÇA
E DE SUAS OPINIÕES
POLÍTICAS.

O QUE REUNIA AQUELAS PESSOAS ERA O DESEJO
DE QUE NUNCA MAIS HOUVESSE UMA GUERRA,
DE QUE NUNCA MAIS NINGUÉM FOSSE MALTRATADO
E QUE NÃO SE PERSEGUISSEM MAIS
PESSOAS QUE NÃO TINHAM FEITO
MAL A NINGUÉM.

ENTÃO ELAS ESCREVERAM UM PAPEL.
NESTE DOCUMENTO
ELAS FIZERAM UM RESUMO
DOS DIREITOS
QUE TODOS OS
SERES HUMANOS TÊM
E QUE DEVEM SER RESPEITADOS
POR TODOS OS POVOS.

ESTE DOCUMENTO É CHAMADO
DECLARAÇÃO UNIVERSAL
DOS DIREITOS HUMANOS
E DIZ
MAIS OU MENOS
O SEGUINTE:

TODOS OS HOMENS NASCEM LIVRES.

TODOS OS HOMENS NASCEM IGUAIS E TÊM PORTANTO OS MESMOS DIREITOS. TODOS TÊM INTELIGÊNCIA E COMPREENDEM O QUE SE PASSA AO SEU REDOR

TODOS DEVEM AGIR
COMO SE FOSSEM IRMÃOS.

NÃO IMPORTA QUAL SEJA A RAÇA DE CADA UM;
TAMPOUCO IMPORTA QUE SEJA HOMEM OU MULHER;
NÃO IMPORTA AINDA SUA LÍNGUA,
RELIGIÃO,
OPINIÃO POLÍTICA,
PAÍS OU A FAMÍLIA
DE QUE ELE VENHA.
NÃO IMPORTA QUE ELE SEJA RICO OU POBRE,
NEM QUE O PAÍS DE ONDE ELE VENHA
SEJA UMA REPÚBLICA
OU REINADO.
ESTES DIREITOS DEVEM SER
GOZADOS
POR TODOS.

TODAS AS PESSOAS
TÊM DIREITO À VIDA,
À LIBERDADE
E À SEGURANÇA PESSOAL
NINGUÉM PODE SER
ESCRAVO
DE NINGUÉM.

NÃO SE PODE
MALTRATAR AS PESSOAS
OU CASTIGÁ-LAS
DE MANEIRA
CRUEL
OU
HUMILHANTE.

AS LEIS DEVEM SER IGUAIS
PARA TODOS E DEVEM
PROTEGER AS PESSOAS.

TODOS OS HOMENS TÊM O DIREITO
DE RECEBER A PROTEÇÃO
DOS TRIBUNAIS
PARA QUE SEUS DIREITOS
NÃO SEJAM
CONTRARIADOS.

NÃO SE PODE PRENDER AS PESSOAS
OU MANDÁ-LAS EMBORA
DE SEU PAÍS A NÃO SER
POR MOTIVOS MUITO GRAVES.
TODO HOMEM
TEM O DIREITO DE SER JULGADO
POR UM TRIBUNAL JUSTO
QUANDO É
ACUSADO
DE ALGUMA
FALTA.

NINGUÉM TEM DIREITO DE INTERFERIR
NA VIDA PARTICULAR DAS PESSOAS,
NA SUA FAMÍLIA
E NA SUA CORRESPONDÊNCIA.

TODA PESSOA TEM O DIREITO DE SE MOVIMENTAR
DENTRO DAS FRONTEIRAS DE SEU PAÍS.
E TEM O DIREITO DE SAIR
E VOLTAR AO SEU PAÍS.

NINGUÉM DEVE SER PRIVADO DE SUA NACIONALIDADE.
QUER DIZER,
TODA PESSOA TEM O DIREITO
DE PERTENCER A ALGUMA NAÇÃO.

E TEM O DIREITO
DE TROCAR DE NACIONALIDADE POR SUA VONTADE.

TODOS OS HOMENS E MULHERES, DEPOIS DE CERTA IDADE,
NÃO IMPORTA SUA RAÇA, RELIGIÃO OU NACIONALIDADE,
TÊM O DIREITO DE SE CASAR E COMEÇAR UMA FAMÍLIA.
UM HOMEM E UMA MULHER
SÓ PODEM SE CASAR SE OS DOIS QUISEREM.

TODAS AS PESSOAS TÊM DIREITO À PROPRIEDADE.
E AQUILO QUE UMA PESSOA POSSUI
NÃO DEVE SER TIRADO DELA,
A NÃO SER QUE HAJA
UM MOTIVO JUSTO.

TODAS AS PESSOAS TÊM O DIREITO DE PENSAR COMO E O QUE QUISEREM. ELAS TÊM O DIREITO DE

TROCAR SUAS IDEIAS E PRATICAR SUA FÉ EM PÚBLICO OU PARTICULAR, E DE CONTAR A TODOS A SUA OPINIÃO.

TODAS AS PESSOAS TÊM O DIREITO DE SE REUNIR E DE SE ASSOCIAR.

MAS NINGUÉM DEVE SER OBRIGADO A ISSO.

A AUTORIDADE DO GOVERNO VEM DA VONTADE DO POVO.
O POVO DEVE MOSTRAR QUAL É A SUA VONTADE PELO VOTO.
TODAS AS PESSOAS TÊM O DIREITO DE VOTAR.

TODAS AS PESSOAS TÊM O DIREITO AO TIPO DE TRABALHO
QUE PREFERIREM,
E A BOAS CONDIÇÕES DE TRABALHO.
TODOS DEVEM RECEBER REMUNERAÇÃO IGUAL,
QUANDO FAZEM O MESMO TRABALHO,
E DEVEM GANHAR O SUFICIENTE PARA
SAÚDE, ALIMENTAÇÃO
E VESTUÁRIO.

TODO HOMEM TEM O DIREITO AO DESCANSO
E DEVE TER UM NÚMERO DE HORAS
DE TRABALHO LIMITADO
E FÉRIAS PAGAS.

TODAS AS CRIANÇAS TÊM OS MESMOS DIREITOS,
SEJAM OU NÃO
NASCIDAS DE UM CASAMENTO.

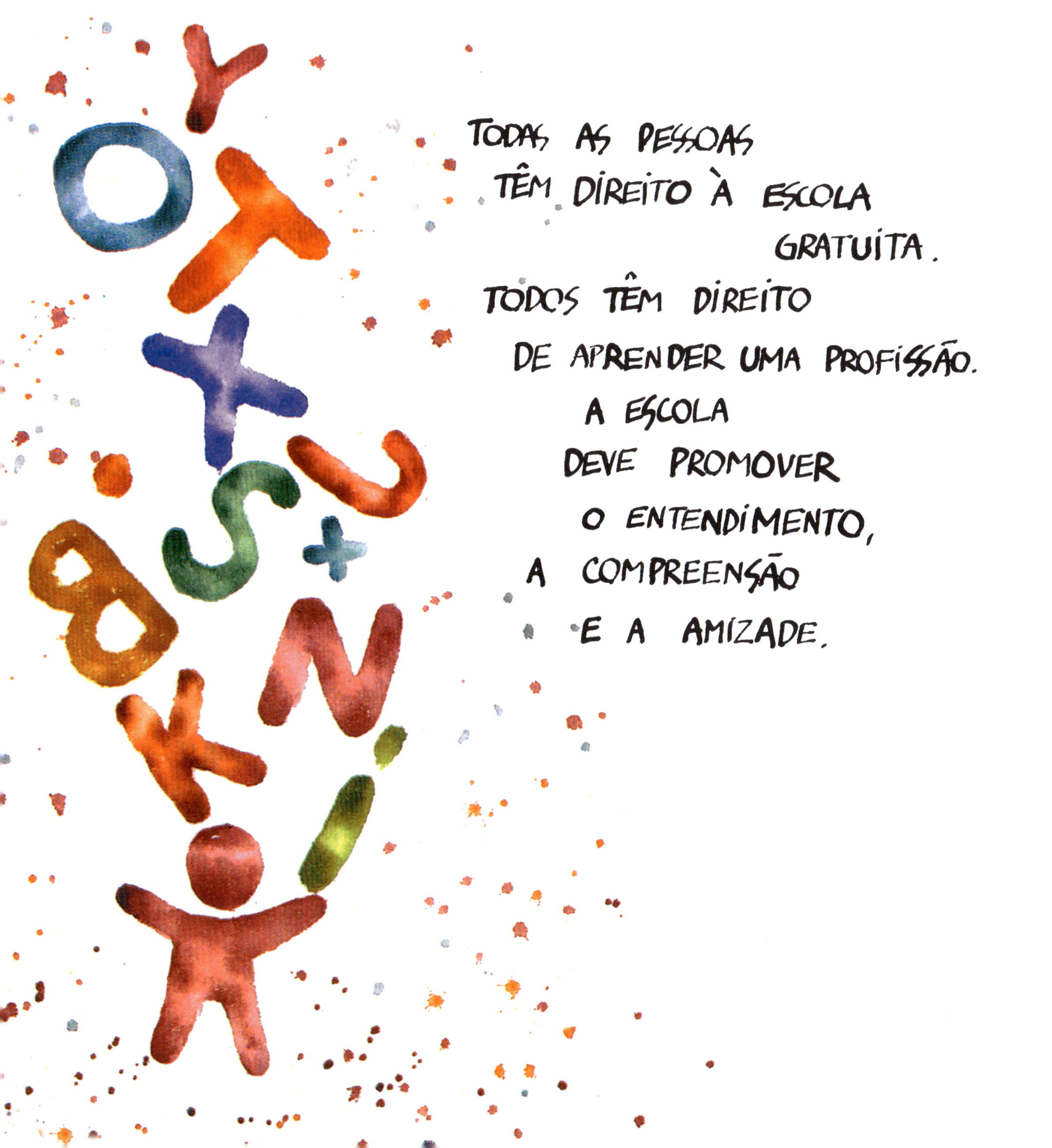

TODAS AS PESSOAS
TÊM DIREITO À ESCOLA
GRATUITA.
TODOS TÊM DIREITO
DE APRENDER UMA PROFISSÃO.
A ESCOLA
DEVE PROMOVER
O ENTENDIMENTO,
A COMPREENSÃO
E A AMIZADE.

TODOS OS HOMENS
TÊM DEVERES PARA COM O LUGAR
ONDE VIVEM
E PARA COM AS PESSOAS
QUE ALI VIVEM
TAMBÉM.

NÃO SE DEVE USAR O QUE ESTÁ ESCRITO
NESTE DOCUMENTO
PARA DESTRUIR OS DIREITOS
E DEVERES
AQUI ESTABELECIDOS.

HÁ MUITOS ANOS

ESTA DECLARAÇÃO FOI APROVADA,

MAS AINDA EXISTEM PAÍSES QUE NÃO OBEDECEM

A ESTE DOCUMENTO.

PARA QUE ISTO ACONTEÇA,

É PRECISO QUE TODOS APRENDAM,

NAS ESCOLAS DE TODO O MUNDO,

O CONTEÚDO

DESTA

DECLARAÇÃO.

"More em casa ou num barraco
Coma na mão ou no prato
Viva lá no fim do mundo
Durma na cama ou no chão
Toda criança do mundo
Mora no meu coração." [1]

Ruth e Otavio, em 1990.

Esses versos resumem a base sobre a qual Ruth Rocha construiu sua carreira: um carinho especial pelas crianças, que, em suas próprias palavras, manifesta-se em sua obra na forma de uma "cumplicidade e uma admiração sem fim pela criança criativa, irreverente, perguntadeira".

Mas não apenas isso: ainda nas palavras dela, na base de seu trabalho está também um "horror ao autoritarismo, à mesmice, ao conformismo".

Talvez muita gente não saiba, mas Ruth é formada em Ciências Sociais pela Escola de Sociologia e Política de São Paulo. É uma grande conhecedora de humanidades e, entre suas leituras preferidas, feitas em conjunto com a irmã Rilda, estão livros que discutem aspectos da realidade do Brasil e do mundo.

---

[1] Estrofe final do poema "Toda criança do mundo", do livro *Toda criança do mundo mora no meu coração*, com poemas de Ruth Rocha. São Paulo, Salamandra, 2014 (2ª edição).

É por isso que, além de contar histórias (engraçadas, irreverentes e malcriadas), ela também publicou livros que informam as crianças sobre direitos humanos, defesa do meio ambiente e ideais de liberdade.

Foi a partir de um convite do artista plástico Otavio Roth que Ruth reescreveu, numa linguagem simples e acessível a todos, o conteúdo da *Declaração Universal dos Direitos Humanos*, proclamada pela Assembleia Geral das Nações Unidas em 10 de dezembro de 1948.

Otavio havia criado ilustrações para os princípios da Declaração. A partir do texto de Ruth, ele as adaptou para o formato de um livro, que lançaram em 1988, na sede da ONU, em Nova York.

Em seguida, a convite da ONU, os dois fizeram juntos *Azul e lindo: planeta Terra, nossa casa*, baseado na declaração proclamada na Conferência das Nações Unidas sobre o Meio Ambiente Humano, reunida em Estocolmo de 5 a 16 de junho de 1972.

São livros bonitos e importantes, que permaneceram como testemunho de uma época, mas que também nunca perderam a atualidade e continuam formando e informando as crianças, geração após geração.

Editora Salamandra: 11ª edição, 2014.
Publicações anteriores: Adaptação para crianças (formato pequeno) – Editora Círculo do Livro, 1ª edição, 1984; Quinteto Editorial, 2ª edição, 1984; 3ª edição, 1986; 4ª e 5ª edições, 1995; 6ª edição, 1996; 7ª edição, 1996. Editora Salamandra, 10ª edição, 1999.

COORDENAÇÃO EDITORIAL
Lenice Bueno

COORDENAÇÃO DA OBRA DE RUTH ROCHA
Mariana Rocha

EDIÇÃO DE TEXTO
Danilo Belchior

PROJETO GRÁFICO E
COORDENAÇÃO DE EDIÇÃO DE ARTE
Camila Fiorenza

DIAGRAMAÇÃO
Cristina Uetake e Elisa Nogueira

PRÉ-IMPRESSÃO
Vitória Sousa

COORDENAÇÃO DE PRODUÇÃO INDUSTRIAL
Wilson Aparecido Troque

IMPRESSÃO E ACABAMENTO
Gráfica Elyon

LOTE
289586

Editora Moderna Ltda.
Rua Padre Adelino, 758, Belém,
São Paulo/SP. Cep: 03303-904
Vendas e Atendimento:
Tel.: (11) 2790-1300 Fax: (11) 2790-1501
www.salamandra.com.br
Impresso no Brasil / 2020

Dados Internacionais de Catalogação na Publicação (CIP)
(Câmara Brasileira do Livro, SP, Brasil)

Rocha, Ruth
Declaração universal dos direitos humanos / adaptação de Ruth Rocha e [ilustrações] Otavio Roth. 11. ed. -- São Paulo : Salamandra, 2014.

1. Literatura infantojuvenil. I. Roth, Otavio. II. Título.

ISBN: 978-85-16-09086-9

14-08126 CDD-028.5

Índices para catálogo sistemático:
1. Literatura infantil 028.5
2. Literatura infantojuvenil 028.5